não desista dos seus sonhos

HERNANDES DIAS LOPES

não desista dos seus sonhos

UNITED PRESS
UM SELO EDITORIAL HAGNOS

©2015 por Hernandes Dias Lopes

1ª edição: novembro de 2015
2ª reimpressão: maio de 2023

REVISÃO
Josemar de S. Pinto
Andrea Filatro

DIAGRAMAÇÃO
Andréa F. M. Pereira

CAPA
Maquinaria Studio

EDITOR
Aldo Menezes

COORDENADOR DE PRODUÇÃO
Mauro Terrengui

IMPRESSÃO E ACABAMENTO
Imprensa da Fé

As opiniões, as interpretações e os conceitos emitidos nesta obra são de responsabilidade do autor e não refletem necessariamente o ponto de vista da Hagnos.

Todos os direitos desta edição reservados à
EDITORA HAGNOS LTDA.
Rua Geraldo Flausino Gomes, 42, conj. 41
CEP 04575-060 — São Paulo, SP
Tel.: (11) 5990-3308

E-mail: hagnos@hagnos.com.br
Home page: www.hagnos.com.br

Editora associada à:

Dados Internacionais de Catalogação na Publicação (CIP)
Angélica Ilacqua CRB-8/7057

Lopes, Hernandes Dias

Não desista dos seus sonhos / Hernandes Dias Lopes. — São Paulo: Hagnos, 2015.

ISBN 978-85-243-0506-1

1. Vida cristã
2. Autorrealização
3. Coragem
4. Perseverança
I. Título

15-0913   CDD 248.47

Índices para catálogo sistemático:
1. Vida cristã - autorrealização

DEDICATÓRIA

Dedico este livro a Renata, nora querida.
Ela é um presente de Deus, uma bênção em nossa família!

Sumário

Prefácio 9

Introdução 11

Capítulo 1: Quando os nossos sonhos são adiados 15

Capítulo 2: Os destruidores de sonhos 41

Capítulo 3: O que fazer para alimentar os sonhos 61

Conclusão 73

Prefácio

L**ouvo ao Senhor** pela bênção de ter me casado com um homem de Deus. Hernandes é um marido maravilhoso e um pai exemplar. Depois de vinte e oito anos de casamento, em que enfrentamos lutas tremendas e cruzamos vales escuros, posso ver nele um homem que não desiste de sonhar. Mas, acima de tudo, ele busca sonhar os sonhos que glorificam a Deus. Nesses anos, já testemunhamos a realização de muitos sonhos em nossa vida e de muitos milagres na vida das pessoas que nos cercam, quando Deus agiu extraordinariamente, transformando vales secos em mananciais, noites escuras de desespero em manhãs ensolaradas de esperança.

Hernandes tem um ministério intenso desde que nos casamos. Jamais esmoreceu nem reclamou da lida. Sempre disposto, sempre pronto, sempre entusiasmado com o Deus da obra e com a obra de Deus. Seu grande prazer é pregar a Palavra de Deus. Seu coração exulta quando está estudando as Escrituras e ensinando as verdades eternas. Já tem pregado em mais de mil igrejas, das diversas denominações cristãs no Brasil e fora dele. Seu labor é incansável. Seu trabalho é intenso. Sua motivação sempre nova. Nunca desiste de ter novos sonhos, novos alvos, novos projetos.

Prefácio

Hernandes tem dedicado sua vida também a escrever. Faz isso com entusiasmo e com prazer. Escreve todos os dias. Seu coração arde. Sua mente fica completamente absorta pelo estudo. Tem prazer em ler, estudar e compartilhar com as pessoas o fruto de seu labor. Seus mais de cem livros têm sido uma poderosa ferramenta para abençoar centenas de milhares de pessoas. Os livros têm asas. Vão a lugares aos quais jamais podemos ir. Os livros alargam e perpetuam o ministério. Os livros continuarão falando mesmo depois que a nossa voz aqui cessar.

Hernandes dedica seu tempo, outrossim, para pregar na televisão, no rádio e também nas redes sociais. Procura aproveitar todas as portas abertas. Tudo o que faz, tudo o que sonha tem a ver com a obra de Deus. Ele respira isso em todo o tempo, o tempo todo.

Mesmo sendo tão atarefado com a obra, nunca deixou de dedicar atenção a mim e aos nossos filhos. Sempre esteve presente conosco, pronto a nos atender com prioridade.

Recomendo agora este livro. Faço-o com alegria e entusiasmo. Foi escrito para encorajar aqueles que há muito desistiram de sonhar ou estão com os seus sonhos adormecidos. Desafio você a ler esta obra com o coração aberto, com o objetivo de trazer à sua memória o que pode lhe dar esperança. Minha oração é que este livro seja uma fagulha divina a inflamar seu coração e abençoar sua vida. Boa leitura!

Udemilta Pimentel Lopes

Introdução

Edmund Hillary foi um grande esportista da Nova Zelândia. Em 1952, nutriu em seu coração um sonho inédito e audacioso: escalar a montanha mais alta do planeta, o monte Everest, com mais de 8.800 metros de altitude. Edmund Hillary preparou-se para o grande desafio de sua vida. Treinou à exaustão e partiu para a realização de sua inusitada empreitada. Contudo, não logrou êxito nessa tentativa. Não conseguiu chegar ao topo do monte Everest. Seu sonho não se realizou. Tempos depois, foi convidado para fazer uma palestra para um grupo de pessoas em Londres, na Inglaterra. Chegando ao grande auditório, percebeu que propositadamente haviam colocado uma grande gravura do monte Everest na parede. Ao ver a imponência majestosa do quadro, abaixou a cabeça e dirigiu-se silencioso à plataforma. Ao levantar-se para proferir o seu discurso, Hillary deixou por um momento os seletos ouvintes, dirigiu-se ao painel, olhou firmemente para a gravura do monte Everest e disse: "Monte Everest, da primeira vez tu me derrotaste. Tu não podes crescer, mas eu ainda estou crescendo. Da próxima vez, eu te vencerei".

Em 29 de maio de 1953, às 11 horas, apenas um ano depois, Edmund Hillary era o primeiro homem da História a chegar ao topo do monte Everest. Em razão disso, ele recebeu a mais alta condecoração oferecida pela rainha da Inglaterra. Ele não desistiu do seu sonho. Não sepultou o seu sonho na cova da impossibilidade. Ele não lavrou um epitáfio para o seu sonho quando enfrentou o primeiro fracasso, dizendo: "Aqui jaz o meu sonho". O fracasso só é fracasso quando não aprendemos com ele. Nossas aparentes derrotas devem ser pedras de passagem e não pedras de tropeço no caminho da vida. As lutas da vida precisam ser nossas pedagogas e não nossas coveiras.

Tomas Alva Edson foi devolvido à sua família porque sua professora julgou-o inapto para acompanhar os demais alunos da sala. Sua mãe investiu nele e ele tornou-se o maior cientista de todos os tempos. John Milton, depois de completamente cego aos 50 anos de idade, escreveu o grande clássico *O paraíso perdido*. Ludwig van Bethoveen, depois de uma surdez progressiva, ficou completamente surdo aos 46 anos de idade. Para um músico, isso parecia um problema incontornável. Mas, depois de completamente surdo, escreveu cinco sinfonias, suas músicas mais excelentes. Fanny Crosby, ficou cega na sexta semana de vida. Viveu 92 anos e mesmo em meio à escuridão da cegueira levou luz para milhões de pessoas. Fanny Crosby conhecia praticamente de cor o Pentateuco e o Novo Testamento. Fanny Crosby compôs mais de 4 mil hinos, hinos que são cantados no mundo inteiro, hinos que consolam e encorajam milhões de pessoas ainda hoje.

Mesmo em meio às maiores adversidades da vida devemos sonhar. Eu sei que você também tem sonhos. Muitos sonhos alimentaram o seu coração e o mantiveram vivo em tempos de crise. Talvez alguns dos seus sonhos mais bonitos tenham se perdido ao longo do caminho. Talvez outros sonhos sublimes tenham se transformado em pesadelos. Ou, quem sabe, você já sepultou na cova do esquecimento alguns dos seus sonhos mais belos? Até mesmo já desistiu de alguns que durante muitos anos o mantiveram vivo e cheio de esperança. Quero desafiar você a resgatar aqueles sonhos que já estão no arquivo morto da sua história. Encorajo você a abrir os arquivos da sua memória e trazer a lume sonhos há muito esquecidos. Creio que muitos deles poderão ressurgir das cinzas.

Creio que o Deus dos impossíveis pode ressuscitar seus sonhos. Ele chama à existência as coisas que não existem. Para ele, não há coisa demasiadamente difícil. Tudo é possível ao que crê. Não se conforme com a decretação do fracasso em sua vida. Você foi predestinado para ser transformado à imagem de Jesus (Romanos 8:29). Deus não apenas tem o propósito de levar você à glória, mas também transformar você à imagem do Rei da glória. Você, que está em Cristo, já é mais do que um vencedor. Portanto, não desanime, espere em Deus, ainda que contra a esperança. Tenha a certeza de que Deus está no comando de sua vida, com as rédeas de sua história em suas onipotentes mãos. Os planos de Deus não podem ser frustrados. Mesmo que a providência seja carrancuda, a face de Deus é sorridente. Mesmo que as circunstâncias sejam adversas, Deus está trabalhando em seu favor. Mesmo que o teto do universo pareça desabar sobre sua cabeça, a mão de Deus está guiando o seu destino. Mesmo que o chão pareça fugir de debaixo dos seus pés, Deus é o seu refúgio. Mesmo que seu corpo seja surrado pela enfermidade, Deus é o médico dos médicos. Mesmo que o impossível bata à sua porta, o Senhor pode realizar um milagre em sua vida. Ele não abdicou do seu poder. Ele está assentado na sala de comando do universo, dirigindo a História. Ele conhece a sua vida e pode mudar hoje a sua sorte. Não desista de sonhar!

Capítulo 1

Quando os nossos sonhos são adiados

O texto de 1Samuel 1:1-28 fala de uma mulher que tinha um sonho. Sonhar é viver. Quem desistiu de sonhar, desistiu de viver. Essa mulher se chamava Ana. Viveu nos turbulentos dias conhecido como o período dos Juízes. Logo depois da conquista da terra prometida, sob a liderança de Josué, Israel viveu o tempo mais instável de sua história. Como uma gangorra, o povo oscilava entre altos e baixos, picos de entusiasmo e vales de desânimo. Quando o povo se esquecia de Deus, era oprimido pelos inimigos. Quando o povo se arrependia e clamava por socorro, Deus enviava um juiz libertador. Logo que se instalava a paz, porém, o povo voltava a se esquecer de Deus, e novamente era oprimido pelo inimigo. Então, novamente se arrependia e Deus enviava um libertador. Foi um longo período de mais de trezentos anos nesse zigue-zague, subindo e descendo.

Ana viveu já no final desse período. O sacerdote Eli acumulava a função de juiz e já estava muito velho. Seus filhos

Hofni e Fineias eram sacerdotes, porém não levavam Deus a sério. Profanavam o culto e zombavam de Deus. Esses sacerdotes lidavam com o sagrado, mas eram adúlteros e filhos de Belial. Eli, com funções religiosas e administrativas, negligenciou sua própria casa. Seus filhos cresceram sem disciplina e se tornaram repreensíveis.

Ana viveu nesse tempo de liderança religiosa frágil. Embora o sacerdote Eli tivesse governado o povo por quarenta anos, não tinha mais forças nem autoridade para inspirar o povo a voltar-se para Deus. É nesse contexto de apostasia religiosa, quando o culto a Deus está sendo profanado e profanado pelos próprios sacerdotes Hofni e Fineias que Ana coloca diante de Deus a sua causa, o seu sonho.

Ana era uma pessoa piedosa que amava a Deus. Era casada com Elcana, mas havia um vazio em seu coração: ela não tinha filhos. Seu grande projeto de vida era dar à luz um filho. Seu sonho era legítimo, puro e digno. Ela queria ser mãe, porém era estéril. Seu ventre era um deserto. Estava impedida de conceber. Na sua cultura, a esterilidade era uma maldição, uma vergonha, uma desgraça. Por causa disso, Ana capitulou à tristeza e à depressão. Ela chorava copiosamente, e seu semblante descaiu. Ela não conseguia comer. Sua dor era profunda. Suas palavras já não brotavam dos seus lábios. Só conseguia balbuciar seus gemidos diante de Deus. Não obstante a sua angústia, Ana não entregou os pontos, não se conformou passivamente com a situação. Ela reagiu e lutou com galhardia pelo seu sonho.

Mas por que Ana era estéril? Por que seu sonho de ser mãe estava sendo adiado? Por que foi vitimada por uma doença incurável, que carregava um profundo peso de ostracismo social? Se Ana vivesse em nossos dias, possivelmente, seria confrontada por algumas abordagens constrangedoras como as que seguem:

— Ana, você é um mulher tão piedosa. Você ora a Deus com tanto fervor. Você vai com tanta frequência à casa de Deus e ali derrama sua alma perante o Senhor. Mas, você está doente. Existe alguma coisa errada em sua vida. Há um nevoeiro denso em sua família. Você deve fazer uma análise meticulosa em sua árvore genealógica. É muito provável que haja alguma maldição hereditária incrustada em sua família. Enquanto essa maldição não for quebrada, você não será curada e seu sonho não será realizado. Só que o problema de Ana não era maldição hereditária.

— Ana, você é uma mulher amada por seu marido, mas não consegue dar a ele um filho. O amor dele, embora tão importante, não substitui o seu ardente desejo de ser mãe. Você está doente. Seu ventre é um deserto e não um canteiro fértil. Você deve ter algum pecado escondido em sua vida, pois todo efeito tem uma causa. Ninguém sofre sem motivos. Sua esterilidade é um juízo divino sobre sua vida. Arrependa-se. Confesse seu pecado, se você quiser

ser curada. Mas o problema de Ana não era pecado escondido.

— Ana, você chora tanto e anda tão deprimida. Seu sonho de ser mãe tem sido adiado e esse desejo tem se tornado uma obsessão em sua vida. Sua esterilidade deve ser uma retaliação do inimigo. Deve haver algum demônio da esterilidade escondido em sua vida. O que você precisa fazer é ir a um culto de libertação. Só que o problema de Ana não era demônio.

A doença de Ana não tinha a ver com maldição hereditária, nem com pecado escondido nem mesmo com demônios. O texto bíblico é claro em afirmar que o próprio Deus a deixou estéril (1Samuel 1:5) e que o próprio Senhor cerrou a sua madre (1Samuel 1:6). Muitos, hoje, pensam equivocadamente, que toda doença tem procedência maligna. Esse não é o ensino das Escrituras. Aqui, o agente da doença de Ana é o Senhor. Deus mesmo a fez estéril. Deus mesmo adiou seu sonho. A mão de Deus está presente como protagonista dessa história de dor e lágrimas. Mas por quê? Se Deus é bom, e ele é; se Deus tem o melhor para nós, e ele tem; por que, então, ele adia os nossos sonhos e os nossos sonhos mais legítimos? É sobre essa realidade, às vezes misteriosa, que vou compartilhar com você nas páginas seguintes.

É um grande mistério entender como e por que os nossos sonhos legítimos são adiados. Por que Deus, sendo amoroso e misericordioso, nos permite passar por situações dolorosas? Por que, às vezes, ele é o próprio agente dessas situações amargas? Por que Deus, sendo tão bom, adia a realização dos nossos sonhos mais acalentados? Deus não é sádico. Ele não tem prazer em ver os seus filhos sofrendo. Deus não desperdiça sofrimento na vida de seus filhos. Deus nunca dá uma pedra quando seus filhos pedem pão. Ele sempre tem o melhor para nós. Se um filho lhe pede um peixe, ele não lhe dá uma cobra (Lucas 11:11). Mas, então, por que ele adia a realização dos nossos sonhos? Talvez esse seja o grande dilema da sua alma: ver os seus sonhos sendo arrastados na correnteza do tempo. Como Ana, você tem projetos claros, sonhos legítimos, mas eles não se concretizam. Você luta, mas não vê os seus desejos cumpridos. A Bíblia diz que a esperança que se adia adoece o coração (Provérbios 13:12). Talvez você já esteja cansado de esperar. Como Ana, você já está entrando num processo de depressão. Não consegue mais comer, só chora; não consegue trazer no rosto a beleza de um sorriso, pois o seu semblante já descaiu. É a batalha do vestibular que já foi perdida tantas vezes; é a aspiração de ingressar numa faculdade, mas faltam os recursos financeiros; é o projeto do casamento que se adia; é o desejo de ver o cônjuge convertido; é o sonho de ver os filhos consagrados a Deus; é o anelo de conseguir a sua estabilidade financeira; é o plano de ter uma família unida pelos laços do amor. Você olha para as circunstâncias, entretanto não vê mudança. Olha para a banda do mar e não vê sequer uma nuvem. As circunstâncias conspiram contra o seu desejo. A situação troveja aos seus ouvidos uma única mensagem: não existe jeito. Não há saída. Não há solução à vista.

Contudo, quando parece que nada está acontecendo, com Deus no controle alguma coisa está acontecendo. Até mesmo aquelas coisas que parecem estar contra nós são revertidas para o nosso bem. Não há Deus como o nosso, que trabalha para aqueles que nele esperam. Temos plena convicção de que todas as coisas cooperam para o nosso bem. Como aconteceu com José do Egito, mesmo quando as pessoas intentam o mal contra nós, Deus reverte isso em bênção. O apóstolo Paulo, depois de ter sido perseguido em Damasco, rejeitado em Jerusalém, esquecido em Tarso, apedrejado em Listra, preso e açoitado em Filipos, escorraçado de Tessalônica, enxotado de Bereia, chamado de tagarela em Atenas, impostor em Corinto, enfrentado feras em Éfeso, ter sido preso em Jerusalém, acusado em Cesareia, enfrentado um naufrágio para Roma, ter sido picado por uma víbora em Malta e ter chegado algemado em Roma, diz para os crentes de Roma que todas essas coisas contribuíram para o progresso do evangelho (Filipenses 1:12). Porque Paulo estava preso em Roma, a guarda pretoriana, a guarda pessoal do imperador, foi alcançada pelo evangelho (Filipenses 1:13). Porque Paulo estava preso em Roma, os crentes foram mais encorajados a trabalhar (Filipenses 1:14-18). Porque Paulo estava preso em Roma, escreveu as cartas aos efésios, filipenses, colossenses e a Filemom.

Deus transforma nossas tragédias em triunfo. Nosso choro em fonte de consolo. Nossas noites mais escuras em manhãs cheias de luz!

Nossa vida não está solta ao léu, sem rumo. Não somos guiados por um destino cego. Não somos jogados de um lado para o outro ao sabor das circunstâncias. Não cremos em acaso. Não cremos em sorte nem em azar. Não cremos em determinismo cego. Nossa vida está nas mãos do rei do universo. Ele é Todo-poderoso, bom e fiel em todas as suas obras. Ele trabalha de tal forma em nossa vida que todas as coisas cooperam para o nosso bem. Ele sabe o que faz com a sua vida. Ele está no leme; não tenha medo da tempestade. Ele está no controle da sua história; não se desespere. Ele pode o impossível; não desista de seus sonhos. Ele tem sobejas razões para adiar a realização dos seus sonhos.

A questão é: por que Deus adia a realização dos nossos sonhos?

Para que compreendamos que o Deus das bênçãos é melhor do que as bênçãos de Deus

Os problemas nos aproximam de Deus. É no vale que olhamos com mais intensidade para as alturas. É na crise que recorremos com mais pressa a Deus. Quando os nossos sonhos não se realizam, temos necessidade de buscar Deus. É nessas horas que aprendemos a profunda lição de que Deus adia os nossos sonhos para que o coloquemos em primeiro lugar em nossa vida. O Deus das bênçãos é melhor do que as bênçãos de Deus. A intimidade de Deus é a maior necessidade da nossa vida. Estar com Deus é a maior prioridade da nossa agenda. Poderíamos ter todas as bênçãos, mas sem o Deus das bênçãos continuaríamos vazios. Poderíamos ter todas as dádivas, mas sem o doador nosso coração continuaria insatisfeito. Coisas não preenchem o vazio da nossa alma. Temos um vazio em nosso coração com o formato de Deus, e só Deus pode preenchê-lo. O doador é melhor do que suas dádivas. O abençoador é melhor do que suas bênçãos. Nós precisamos de Deus mais do que das bênçãos de Deus.

Quando o povo de Israel pecou contra Deus no deserto, Deus disse para Moisés que não iria mais com o povo. Enviaria seu anjo e introduziria o povo na terra prometida. Embora a presença do anjo e a entrada na terra prometida fossem bênçãos tão extraordinárias, Moisés não se contentou. Ele disse: *Se tu mesmo não fores conosco, não nos faças subir daqui* (Êxodo 33:15). Anjos, terra prometida e vitória sobre os inimigos não podem substituir a presença de Deus. Só Deus satisfaz nossa alma!

Os problemas não vêm para nos afastar de Deus, mas para nos levar à presença divina. Eles não são permitidos ou enviados por Deus para nos destruir, mas para gerar em nós dependência do altíssimo. Deus adia a realização dos nossos sonhos para nos manter perto dele e nos ensinar que o nosso tudo, sem ele, é nada.

Não aprendemos as maiores lições da vida em dias de festa, mas na escola do sofrimento. É no vale que aprendemos as mais profundas lições da vida. É quando os nossos recursos se esgotam que conhecemos a providência do Jeová-Jiré. É quando temos consciência de que o homem é homem que sabemos que Deus é Deus. É quando somos fracos que somos fortes.

Sonhos não realizados, desejos não satisfeitos, em geral nos levam à presença de Deus. O sofrimento não é um bem em si mesmo, mas Deus trabalha em nossa vida de tal forma que o sofrimento se transforma em bem para nós. O sofrimento não é um fim em si mesmo. Ele é pedagógico, tem um propósito positivo. As tribulações produzem perseverança, e a perseverança deságua numa profunda experiência com Deus (Romanos 5:3-5). Devemos, por isso, nos alegrar ao atravessar várias provações (Tiago 1:2), pois elas nos colocam quebrantados, humildes e dependentes do Deus Todo-poderoso.

Estamos vivendo a cultura da centralidade do homem, em torno do qual tudo gira. Até a religião cristã está sendo seduzida por esse antropocentrismo idolátrico. Essa visão humanista diz que Deus está a serviço do homem. Proclama que a vontade do homem deve ser sempre satisfeita. Essa teologia ensina que não é a vontade de Deus que deve ser feita na terra, mas a vontade do homem que deve prevalecer no céu. É por isso que muitas pessoas se apresentam diante de Deus fazendo orações que o colocam contra a parede: "Eu decreto, eu determino, eu ordeno, eu proíbo, eu rejeito, eu não aceito...". Essa visão, contudo, é falsa. Não é o homem quem está no centro. É Deus quem está assentado no trono. Só ele é soberano. Ele faz todas as coisas conforme o conselho da sua vontade. Ele não aceita ser pressionado. Ele não tolera imposições. A única coisa que nos cabe é nos lançar humildemente aos seus pés, sabendo que quando os nossos sonhos são adiados é porque Deus quer nos ensinar a lição de que ele é melhor do que suas bênçãos. A nossa maior necessidade não é de coisas, mas de Deus!

Para que entendamos que tanto o ordinário como o extraordinário são presentes de Deus

Quando Samuel nasceu, Ana o viu como milagre de Deus. Ela sabia que a sua gravidez não havia sido normal. Samuel era fruto de uma intervenção sobrenatural e extraordinária de Deus em sua vida. Ana sabia que Samuel era fruto da resposta às suas orações (1Samuel 1:27).

Precisamos ter claro em nossa mente que tanto o ordinário como o extraordinário são bênçãos procedentes do Senhor. O simples fato de estarmos vivos é um milagre de Deus. O alimento que temos sobre a mesa é um prodígio da providência divina. Geralmente as pessoas só enxergam como milagre de Deus os fatos sobrenaturais. Por exemplo, quando um doente é curado de câncer. Mas não veem como ação maravilhosa do Senhor o fato de sermos protegidos diariamente dos aleivosos perigos das doenças contagiosas, dos vírus e bactérias que nos cercam. Às vezes só interpretamos como milagre o fato de uma pessoa sofrer um acidente grave e sair ilesa, mas não paramos para agradecer a Deus o fato de sairmos de casa todos os dias e voltarmos em segurança.

Certa feita, Blaise Pascal, o famoso filósofo e matemático francês, chegou para o seu pai e disse:

— Papai, aconteceu um milagre comigo hoje!

— Sim, meu filho, o que foi?

— É que eu fiz uma viagem de 15 quilômetros a cavalo. Num momento, o meu cavalo galopava fogosamente, tropeçou, caiu e eu não me machuquei.

— É verdade, meu filho, esse foi um grande milagre — respondeu seu pai. — Mas aconteceu comigo um milagre maior.

— O que foi, papai?

— Eu também fiz uma longa viagem a cavalo. O meu cavalo galopou a toda velocidade e não tropeçou nem uma vez!

Você tem visto a bondosa providência de Deus em sua vida nas coisas ordinárias? Você reconhece que tudo o que tem é bênção do Senhor? Corremos o risco de achar que o que somos e temos é fruto da nossa inteligência, esforço e trabalho e deixamos, por isso, de tributar a glória devida a Deus por essas bênçãos. Ana se apresentou a Eli e disse: *Eu orava por este menino, e o* SENHOR *me concedeu o pedido que fiz* (1Samuel 1:27).

Para que tenhamos a disposição de consagrar a Deus o melhor que temos

Ana devolveu a Deus o filho que recebera de Deus. Ela fez o voto e o cumpriu. Ela levou Samuel à casa de Deus e o dedicou ao Senhor por todos os dias da sua vida. Não fosse o entendimento de que tudo é de Deus, vem de Deus e deve ser consagrado de volta a Deus, Samuel teria sido o centro da vida de Ana. Não fosse essa visão de Ana, Samuel teria sido um ídolo em sua vida. A vida de Ana teria gravitado ao redor de Samuel.

Muitas pessoas transformam as bênçãos de Deus em ídolos. Prosperam e colocam o seu coração na riqueza, deixando Deus de lado. Casam-se e fazem do cônjuge um ídolo, abandonando o Senhor. Têm filhos e vivem em função deles em vez de consagrá-los a Deus e criá-los para o Senhor. Muitas pessoas agarram-se tanto às bênçãos de Deus que se esquecem do Deus das bênçãos. Fazem do dinheiro um ídolo. Vivem como escravos de Mamom. Vivem para ele. Morrem por ele.

Quantos pais hoje têm a coragem de consagrar seus filhos a Deus como fez Ana? Essa extraordinária mulher compreendeu que o sentido maior da vida do seu filho era realizar os planos de Deus, e não os seus próprios sonhos. Ela não buscou transferir para Samuel a compensação de suas frustrações do passado. Ela não o usou como troféu para mostrar ao mundo sua vaidade. Ela não projetou em seu filho o idealismo de ver os seus sonhos cumpridos. Pelo contrário, Ana consagrou o seu melhor a Deus. Entregou a Deus o que tinha de mais precioso. Ela criou Samuel para o Senhor. O puritano Thomas Watson diz que nossos filhos devem ser mais filhos de Deus do que nossos filhos. Paradoxalmente, eles se tornam cada vez mais nossos à medida que são mais de Deus. No reino de Deus você tem o que dá e perde o que retém. Concordo com Jim Elliot, o mártir do cristianismo no Equador: "Não é tolo aquele que dá o que não pode reter para ganhar o que não pode perder".

Nós precisamos compreender que tudo o que somos e temos veio de Deus, é de Deus e deve ser devolvido para Deus. Não trouxemos nada para este mundo nem levaremos nada dele. Tudo o que temos, recebemos das próprias mãos de Deus. Portanto, devemos consagrar a Deus aquilo que temos recebido dele. Não possuímos nada nem jamais seremos donos de nada. Somos apenas mordomos dos bens de Deus. A vida que temos é de Deus. A família que temos é de Deus. A casa que moramos é de Deus. O trabalho que temos é de Deus. Os filhos que temos são de Deus. Tudo é de Deus. Devemos colocar no altar de Deus o melhor daquilo que ele nos tem dado.

No século 19 nascia o filho caçula, entre nove irmãos, de uma família piedosa nos Estados Unidos. Aquele menino chamava-se Ashbel Green Simonton, o missionário pioneiro do presbiterianismo no Brasil. Seu pai, William Simonton, foi presbítero, médico e deputado federal por duas legislaturas. Quando Simonton nasceu, seu pai o consagrou a Deus para o ministério. Na juventude recebeu o chamado de Deus e entrou para o Seminário de Princeton, em Nova Jersey. Revelou-se um jovem brilhante, inteligente, culto e piedoso. Nos idos de 1857 a 1859 os Estados Unidos estavam vivendo um grande reavivamento. Foi nessa época que Simonton recebeu o chamado de Deus para ser missionário no Brasil. Grandes igrejas já o haviam convidado para ser pastor. Propostas promissoras já haviam chegado a ele. Mas a todas Simonton recusou. Alguns tentaram, em vão, demovê-lo, dizendo: "Simonton, você é louco de deixar sua família, sua igreja, o conforto de seu país, para ir para o Brasil, um país pobre e devastado por doenças endêmicas". Mas ele respondeu: "A maior loucura na vida de um homem é estar fora do centro da vontade de Deus. Não há lugar mais seguro, ainda que cercado de perigos, do que no centro da vontade de Deus".

Esse jovem pastor, fruto da consagração de seus pais, deixou a sua pátria para plantar nas plagas brasileiras a bendita semente do evangelho. Seu ideal foi maior do que a sua vida, por isso ele deu a vida por seu ideal. Simonton viveu no

Brasil apenas oito anos. Chegou ao Rio de Janeiro com 26 anos e aos 34 estava sendo sepultado em São Paulo. Seu ministério foi curto no tempo, mas extenso no significado. Foi breve na história, mas seus reflexos irradiarão por toda a eternidade. Simonton lançou em solo pátrio as bases de uma grande obra que tem florescido até hoje.

O que você tem oferecido a Deus? É o seu melhor? Você tem colocado as primícias no altar de Deus? Ou tem comparecido diante do Senhor de mãos vazias? Na época de Malaquias o povo de Israel oferecia a Deus os animais cegos e aleijados. Entregavam o resto para Deus. O que você tem apresentado ao Senhor? Tudo o que você tem é de Deus. A casa que você mora, o carro em que você anda, o salário que você recebe, a família que você tem, a sua própria vida; tudo é de Deus. O que você tem devolvido ao Senhor? O que você tem consagrado de volta a Deus? Você tem colocado o seu melhor, como Abraão, no altar do Senhor? Você tem dado o seu melhor para Deus, como Ana?

Deus não quer que você transforme num ídolo uma bênção dada por ele. Estou certo de que Deus adia os nossos sonhos para que possamos fazer o voto de Ana: *Eu orava por este menino [...] Por isso também o dedico ao SENHOR [...]* (1Samuel 1:27,28). O que você precisa devolver no altar do Senhor?

Para que reconheçamos que os planos de Deus são maiores do que os nossos sonhos

O sonho de Ana era muito pequeno. Suas aspirações não eram suficientemente ousadas. Ela queria apenas ver seu ventre transformando-se num cenário de vida. Ela só aspirava gerar uma criança, carregar no colo um filho e amamentar um rebento.

Deus, porém, não realizou o sonho de Ana no seu tempo porque tinha algo maior e melhor para fazer em sua vida. Os pensamentos de Deus são mais elevados do que os nossos pensamentos. Os planos de Deus são maiores do que os nossos sonhos. O plano de Deus para Ana não era apenas que ela fosse mãe, mas mãe do maior profeta daquela geração. Samuel não seria um homem comum, mas aquele que levaria o povo de Israel de volta para Deus, o último e o maior juiz de Israel. Samuel seria o homem que restauraria a credibilidade do sacerdócio tão desgastado com o ministério repreensível de Hofni e Fineias. Samuel seria o grande instrumento que Deus usaria para ungir Saul como o primeiro rei de Israel e Davi como o seu sucessor.

Ana chorava porque queria ver os seus sonhos realizados, mas Deus os adiou porque almejava algo melhor e mais elevado para ela. Quando pensamos que Deus está distante ou indiferente aos anseios mais profundos da nossa alma, quando achamos que ele não se importa com a realização dos nossos sonhos, ele está trabalhando em nós e por nós, fazendo maravilhas maiores do que poderíamos imaginar. O Senhor cavalga nas alturas para a nossa ajuda (Deuteronômio 33:26). Não há Deus como ele, que trabalha para aqueles que nele esperam (Isaías 64:4). Deus trabalha no turno da noite. Ele faz hora extra para aqueles que esperam nele. Aos seus amados ele dá o pão enquanto dormem (Salmos 127:2). Mesmo quando você tem a sensação de que está sozinho na caminhada da vida, ele está carregando você no colo. Mesmo quando você sente que as coisas perderam o rumo, ele está no controle total da situação.

Quando os discípulos de Jesus estavam assombrados no mar da Galileia, exaustos de remar, batidos por ventos contrários, fustigados por ondas furiosas, na iminência de um desastroso naufrágio, Jesus aproximou-se deles, na quarta vigília da noite, andando sobre as ondas e mostrando-lhes que as mesmas vagas que conspiravam contra eles estavam rigorosamente debaixo dos seus pés. O que nos ameaça e instila medo no nosso coração está debaixo dos pés do Senhor. Ele é maior do que as nossas tempestades. Ele não se apavora com os problemas que nos entrincheiram. Ele não perde o leme do nosso barco no fragor da tempestade. Quando o Senhor nos permite passar por uma prova amarga, não é para nos ver sofrendo simplesmente. Ele não tem prazer em nosso sofrimento. Ele não é sádico. O propósito do Senhor é mostrar-nos o seu poder e acalmar o nosso coração, evidenciando-nos que ele está no controle da nossa vida.

José foi um jovem marcado pela injustiça. Sofreu o desprezo e o ódio dos seus irmãos, que o jogaram vivo em uma cova e o mataram no coração. Venderam-no como mercadoria barata para livrarem-se dele. Sustentaram durante vinte anos uma mentira para Jacó, dizendo que seu filho José havia sido devorado por uma fera do campo, a fim de que o pai desistisse de procurar o filho amado. No Egito, José sofreu outro golpe. Foi injustiçado pela sua patroa, que queria deitar-se com ele, mas José não cedeu aos seus apelos nem à sua pressão. Então, sentindo-se rejeitada, ela transferiu para José a culpa que era dela, lançando-o injustamente na prisão. Na cadeia, ainda foi vítima de outra injustiça, a ingratidão do copeiro-mor do Faraó, que se esqueceu dele, não atendendo ao seu apelo de rogar em seu favor ao supremo mandatário daquele poderoso império. Por essa causa, José ficou mais dois anos mofando na prisão.

Mas por que Deus deixaria uma pessoa inocente mofar na cadeia? Por que Deus não ouviu o clamor de José quando ele queria sair da prisão? Sabe por que Deus não realizou o sonho de José no tempo que ele queria? Se José tivesse saído da prisão naquela época, o máximo que ele teria conseguido na vida seria trabalhar como lavador de copos no palácio do Faraó. Mas Deus o deixou mais dois anos na prisão para tirá-lo de lá e torná-lo governador do Egito. Quando parecia que Deus não estava fazendo nada para livrar José da prisão, ele, na verdade, estava construindo a rampa para José subir ao palácio do Faraó, para ser governador daquele vasto império.

Deus não realizou os sonhos de José porque os sonhos dele eram muito pequenos. Os planos de Deus são sempre melhores e maiores do que os nossos. Importa que os propósitos de Deus, e não os nossos, sejam realizados. Os planos de Deus são perfeitos. Jamais se perdem nas curvas do caminho, jamais se transformam em pesadelos. O patriarca Jó, depois de ter uma visão da majestade de Deus, declarou: *Bem sei que tudo podes e que nenhum dos teus planos pode ser impedido* (Jó 42:1,2).

Para que entendamos que Deus faz todas as coisas no seu tempo e conforme o conselho da sua vontade

Deus é soberano. Ele está assentado na sala de comando do universo. Ele está com as rédeas da História em suas onipotentes mãos. Ele dirige as nações e domina sobre a natureza. Não permite que nem uma folha caia de uma árvore sem a sua permissão. Nenhum fio de cabelo de sua cabeça pode ser tocado sem que Deus saiba, sem que Deus permita, sem que Deus tenha um propósito. Sua vida não é dirigida por um destino cego. Você está nas mãos do Deus vivo.

No auge de sua crise, Ana teve uma profunda experiência com Deus. Depois de vislumbrar a majestade de Deus e receber dele um grande milagre, prorrompeu num cântico de exaltação ao Senhor e fez uma afirmação extraordinária: *O* Senhor *é quem tira a vida e a dá; faz descer à sepultura e faz ressurgir dali. O SENHOR faz empobrecer e enriquecer; abate e também exalta. Levanta o pobre do pó, ergue o necessitado do monte de cinzas, para fazê-los sentar entre os príncipes* (1Samuel 2:6-8).

Deus age no seu tempo. Ele não se deixa pressionar. Ele é livre e soberano. Muitas pessoas querem determinar o que Deus deve fazer, como deve fazer e até mesmo quando deve fazer. A resposta de Deus não vem segundo o nosso tempo, pela pressão da nossa agenda. Deus tem o seu tempo certo de agir. Ele, muitas vezes, protela os nossos sonhos para realizar coisas maiores em nosso favor. No calendário de Marta, Jesus havia chegado atrasado à aldeia de Betânia, quando Lázaro morreu. Mas Jesus não chegou atrasado; ele chegou no tempo certo. A ressurreição de um morto é um milagre maior do que a cura de um enfermo. Deus não chegou atrasado ao mar da Galileia na quarta vigília da noite. Em virtude daquela tempestade, os discípulos tiveram uma experiência mais profunda com Jesus e o adoraram (Mateus 14:33). Deus não chegou atrasado à prisão de José. Ele estava edificando a rampa para José subir ao palácio do Faraó como governador. Deus não chegou atrasado à vida de Ana. Ele a deixou estéril para que ela o conhecesse e assim pudesse se preparar para ser a mãe do homem mais importante daquela época.

Ana tem uma compreensão da majestade de Deus em seu cântico. Ela passa a perceber que Deus não apenas faz as coisas no seu tempo, mas também conforme o conselho da sua vontade. Ele é Deus exaltado; quando dá a vida e também quando a tira, quando cura a doença e quando deixa de curar, quando exalta e também quando rebaixa, quando responde à oração e quando adia os nossos sonhos.

É muito comum vermos as pessoas glorificando a Deus quando um doente é curado de câncer, mas ficando murchas e cheias de inquietação quando oram por um enfermo e Deus o leva. Ana compreendeu que a glória de Deus deve ser proclamada não só quando ele dá a vida e exalta, mas também quando ele tira a vida e rebaixa.

A majestade de Deus também reside no fato de que, quando Deus age, ninguém pode impedir a sua mão. Talvez os médicos de Ramá já tivessem dado o último diagnóstico para Ana, tirando-lhe todas as esperanças de ser mãe. Sua doença era incurável. Todos diziam que ela precisava conformar-se com a sua situação irreversível. Mas Ana continuou crendo no Deus dos impossíveis. Ela não desistiu dos seus sonhos, mesmo em face das impossibilidades humanas. Ela creu, e Deus fez o milagre.

Deus não deixou de agir milagrosamente em nossos dias. O tempo dos milagres não cessou. Deus não encolheu a sua mão. Ele não abdicou do seu poder. Ele pode tudo quanto quer. E, quando ele age, ninguém pode detê-lo. Os médicos podem lhe dar um diagnóstico final: "Não há cura!" Mas, se Deus quiser, existe cura. O mundo inteiro pode trombetear aos seus ouvidos: "A sua causa está perdida". Mas, se Deus quiser, você triunfará. Os inimigos de Daniel pensaram que, quando o rei Dario acabasse de assinar o edito, ele estaria com a sua morte lavrada, mas não contaram com a intervenção sobrenatural de Deus para fechar a boca dos leões (Daniel 6:1-27). Deus opera maravilhas. Ele continua curando enfermos, libertando cativos, dando vista aos cegos e transformando pesadelos em sonhos realizados. Tenho visto pessoas condenadas à morte pela medicina sendo curadas por Deus. Tenho visto gente cativa sendo arrancada da garganta do inferno.

Certa feita fui fazer uma visita a um hospital na cidade de Vitória. Encontrei no portão do hospital pessoas conhecidas. Entre elas, havia uma jovem com um câncer já em estado avançado. Os médicos que cuidavam dela numa cidade do interior do Estado recomendaram que ela fosse para a capital do Estado do Espírito Santo para dar continuidade ao seu tratamento. Aquela jovem precisava ser internada num Centro de Terapia Intensiva. Contudo, naquele hospital não havia mais vaga no CTI. Depois de conversar longamente com o diretor do hospital, não logramos êxito. Não havia leito disponível para a jovem enferma. Voltei para a porta do hospital e disse para a jovem que ali não havia lugar para ela. Então, ali mesmo, orei por ela e clamei a Deus para que, segundo a sua soberana vontade, ela fosse curada. Imediatamente se aproximou uma pessoa nos informando que havia CTI disponível em outra cidade do Estado. Fizemos contato imediatamente. A jovem sem tardança foi levada àquela cidade. Ao ser submetida a novos exames, constatou-se que não havia mais nada em seu corpo. O câncer havia sido debelado e ela foi autorizada a voltar para sua casa, completamente curada. Estou certo de que nem sempre Deus cura todas as pessoas pelas quais oramos. Porém, precisamos entender que, quando Deus quer as coisas acontecem. A última palavra não é da medicina. A última palavra é do Deus vivo!

Ronaldo de Almeida Lidório, ministro presbiteriano, com doutorado na Inglaterra, é um missionário transcultural poderosamente usado nas mãos de Deus. Ele e sua esposa foram a Gana, na África, em 1993, para plantar uma igreja entre a tribo Konkomba, um povo nunca antes tocado pelo evangelho. Enfrentando todos os desafios, esse casal deixou o conforto das grandes cidades, o calor da família, o abrigo hospitaleiro da pátria e rumou para o interior da África, a fim de evangelizar um povo animista e feiticeiro, que vivia nas trevas espessas do ocultismo, sacrificando seus próprios filhos aos demônios.

Superando todas as barreiras da cultura, da língua e da religião, Ronaldo e sua esposa, sob a égide da graça de Deus, e no poder do Espírito Santo, chegaram ao campo missionário. Aquele povo não tinha uma língua grafada e estruturada. Estava imerso num caudal de trevas e cegueira. Estava preso por um cativeiro opressor. Então os missionários se puseram a orar e pedir a Deus uma estratégia para alcançar aquele povo. O grande milagre começou a acontecer quando os Konkombas não conseguiram pronunciar seu nome. Ronaldo era uma palavra impronunciável para eles. Deram-lhe um nome africano. Chamaram-no de *Uwumbor-bi*, que significa "o homem que diz que existe um Deus". Sempre que ele chegava a uma aldeia e alguém lhe perguntava pelo seu nome, ele respondia: "Eu sou o homem que diz que existe um Deus". Essa resposta provocava outra pergunta: "Qual é o seu Deus?". Ele prontamente respondia: "Convoquem o povo da aldeia, porque hoje lhes direi quem é o meu Deus".

Deus mesmo abriu o caminho para a pregação. Não tardou para que uma mulher de outra aldeia, da tribo dos Fulanis-krês, soubesse que havia na tribo de Koni um homem que falava do Deus vivo. Ela fez uma longa jornada de três dias com uma filha de sete meses envolta num lençol, à beira da morte, rumo a Koni. A criança estava com o corpo coberto de feridas, e a pele estava apodrecendo sobre o corpo caquético. A criança agonizava no portal da morte. Ela chegou a Koni e perguntou ao Ronaldo:

— O senhor é o homem que diz que existe um Deus?

— Sim, sou eu.

— Será que o seu Deus pode me ajudar? Já procurei todos os deuses que conheço, e eles nada puderam fazer por mim. Minha filha está morrendo. Se o seu Deus pode alguma coisa, peça para ele curar a minha filha.

Naquele momento Ronaldo tomou a criança em seus braços, desenrolou-a dos lençóis e viu seu corpinho frágil coberto de chagas. A pele estava necrosada. A criança agonizava. Então

Ronaldo fez uma oração a Deus: "Senhor, este povo não sabe que tu és o único Deus vivo e verdadeiro. Este povo não sabe que Jesus, o teu Filho, venceu a morte e tem todo o poder e autoridade no céu e na terra. Ó Deus, cura esta criança para testemunho do teu poder e para a manifestação da tua própria glória".

Acabada a oração, Ronaldo envolveu novamente a criança nos lençóis e colocou-a no colo da mãe, que tomou o caminho de volta para a sua aldeia. Quando a mulher chegou a casa, ao desenrolar a filha dos panos, verificou com imensa alegria que a sua filha estava totalmente curada. Não havia mais nenhum sinal da doença. A pele estava totalmente nova. Não havia sequer marca das feridas.

Aquela mulher, diante do milagre operado na vida de sua filha, saiu clamando a plenos pulmões pelas cabanas da sua aldeia que havia encontrado o Deus vivo e verdadeiro. A partir daí, muitos feiticeiros começaram a se converter. Às dezenas, os pecadores mais endurecidos foram quebrantados pela manifestação soberana do poder de Deus. Em menos de cinco anos de trabalho, Ronaldo plantou onze igrejas entre os Konkombas, com mais de 4 mil membros, criou uma escola de alfabetização e uma clínica, traduzindo o Novo Testamento para a língua Konkomba.

Depois de sofrer 24 malárias, uma malária cerebral e um envenenamento, as igrejas mantenedoras escreveram para o Ronaldo pedindo encarecidamente que ele voltasse ao Brasil. Ele respondeu: "Não posso ir agora. Deus abriu uma nova porta para pregar. Visitarei uma nova aldeia". Para lá ele foi com um presbítero Konkomba. Ao final de alguns dias de pregação, apenas uma viúva idosa e algumas crianças se entregaram a Cristo. Pelo fato de as viúvas serem alvos de grande ostracismo e desprezo na cultura Konkomba, Ronaldo voltou para Koni abatido e triste. Foi quando o presbítero lhe disse: "O senhor nos ensinou a confiar na soberania de Deus. Por que então agora está abatido?" Três dias depois que haviam voltado a Koni, um mensageiro apareceu pedindo ao Ronaldo para voltar àquela tribo. Pensando tratar-se de uma perseguição aos novos convertidos por parte dos feiticeiros, o mensageiro logo lhe disse: "A questão é que aquela viúva convertida não comeu nem dormiu durante três dias e três noites, mas, de palhoça em palhoça, saiu pregando com grande poder, e agora temos lá 76 pessoas que se entregaram a Cristo. Precisamos que o senhor volte lá para começar a igreja". Aquela foi a décima primeira igreja plantada entre os Konkombas.

Quando Deus age, ninguém pode deter o seu braço. O nosso coração deve descansar nessa verdade bendita. Como Ana, devemos exaltar o Senhor e, prostrados, devemos adorá-lo por seus grandes feitos (1Samuel 1:28)!

Capítulo 2

Os destruidores de sonhos

Sonhar é viver. Quem não sonha, já desistiu da vida. Quem não alimenta sonhos no coração está sem rumo na História, como um barco à deriva. Você precisa ter um alvo a seguir, uma causa pela qual está disposto a viver e morrer. Não podemos desistir dos nossos sonhos pelo fato de existir conspiração contra eles. José do Egito sonhou, por isso foi odiado e perseguido, mas nos vales escuros da vida foram os seus sonhos que nutriram sua alma de esperança. Ana também encontrou resistência ao seu sonho. Você também tem sonhos e o caminho para realizá-los está juncado de espinhos. Há muitos destruidores de sonhos ao longo da nossa jornada. Como em *O peregrino* de John Bunyan, o caminho para o céu está cercado de muitos perigos. Porém, Deus não nos chamou para olhar para os obstáculos do caminho, mas para prosseguir apesar deles. Deus não nos chamou para contar os inimigos, mas para vencê-los. Deus não nos chamou para temer os perigos, mas para triunfar sobre eles. Deus não nos chamou para fugir dos gigantes, mas para enfrentá-los e vencê-los.

Jamais permita que os assassinos de sonhos destruam seus sonhos. Jamais permita que os pessimistas encham seus olhos de escuridão. Jamais permita que os profetas da incredulidade determinem os rumos de sua vida. Deus chamou você para ter a visão do farol alto e subir nos ombros dos gigantes. Não crave seus olhos nas impossibilidades humanas; concentre-se nas possibilidades infinitas de Deus. Não deixe seus sonhos morrerem. Vença os assassinos de sonhos!

O primeiro capítulo de 1Samuel fala-nos sobre quatro assassinos de sonhos:

A provocação

Penina era rival de Ana. Penina tinha filhos e filhas, ao contrário de Ana, que não tinha nenhum descendente (1Samuel 1:2). Ana era estéril (1Samuel 1:5,6). Além do sofrimento pessoal de não gerar filhos, Ana vivia num tempo em que a poligamia era tolerada. A poligamia não foi instituída por Deus. Tanto a poligenia (um homem ter mais de uma mulher) como a poliandria (uma mulher ter mais de um homem) estão em desacordo com a vontade de Deus. O casamento foi instituído por Deus e, desde sua instituição, o casamento é monogâmico: *Portanto, o homem deixará seu pai e sua mãe e se unirá à sua mulher, e eles serão uma só carne* (Gênesis 2:24). Quando os dez mandamentos foram dados por Deus no Sinai, a monogamia foi reafirmada no décimo mandamento: [...] *Não cobiçarás a casa do teu próximo, não cobiçarás a mulher do teu próximo* [...] (Êxodo 20:17). Quando Jesus foi interrogado pelos fariseus acerca do divórcio, Jesus remeteu-os ao princípio: [...] *Não lestes que desde o princípio o criador os fez homem e mulher, e ordenou: Por isso o homem deixará pai e mãe e se unirá à sua mulher; e serão os dois uma só carne? Assim, não são mais dois, mas uma só carne. Portanto, o que Deus uniu o homem não separe* (Mateus 19:4-6).

Elcana tentava compensar o sofrimento de Ana dedicando-lhe acendrado amor (1Samuel 1:5). Esse fato, contudo, aumentava a rivalidade e a hostilidade de Penina por Ana. Além do drama da sua dor, de ver os seus sonhos sendo adiados, de carregar a vergonha e o opróbrio da esterilidade, Ana ainda enfrentava a desconfortável situação de ser fustigada, provocada e molestada constantemente por Penina, que a irritava excessivamente (1Samuel 1:6,7). Penina não perdia uma oportunidade de humilhar Ana. Rancorosa, vingativa e ciumenta, Penina não respeitava o sofrimento de Ana. Tinha um mórbido prazer em ver Ana sofrer. Ela era uma assassina de sonhos. Há pessoas que se alimentam do fracasso dos outros. Seu prazer é ver os outros sofrerem. Sua recompensa é causar dor às pessoas à sua volta. Penina era assim.

As provocações de Penina atingiram Ana com tal profundidade que ela ficou deprimida. Não conseguia mais comer. Só conseguia chorar. Seu semblante descaiu e ficou carregado de tristeza. Ana tornou-se uma mulher amargurada de espírito. Ela não conseguia parar de chorar e mergulhou a sua alma nas águas turvas da depressão. A hostilidade machuca. O desdém adoece a alma. Enfrentar o desprezo das pessoas que estão perto de nós nos atinge profundamente. Embora amada por seu marido, Ana vivia um clima extremamente pesado em sua casa. Além de enfrentar seu drama pessoal, Ana tinha que lidar com a zombaria de Penina. Além de chorar diante de Deus em favor de seu sonho, Ana chorava pela afronta de Penina. As pessoas nos decepcionam. As pessoas nos ferem. As pessoas podem roubar nossa alegria.

Não temos garantia acerca do que Penina dizia a Ana. Porém, de uma coisa podemos ter certeza. Penina não era uma mulher de Deus, pois gente de Deus não vive para infernizar a vida dos outros; gente de Deus é bálsamo e alívio de tensões. Só os assassinos de sonhos têm um prazer mórbido em ver os outros sofrerem. Só aqueles que conspiram contra o amor se alegram com o fracasso dos outros. Penina é o retrato de muitos assassinos de sonhos que ainda hoje se levantam para atormentar as pessoas à sua volta. Penina inveja Ana porque esta tinha o amor de Elcana. Penina queria desconstruir a imagem de Ana, para que Elcana pudesse voltar-se para ela. A lei que governava Penina era: os fins justificam os meios. Para alcançar seus desejos egoístas, Penina atingia Ana com suas palavras prenhes de desprezo.

Qual foi o combustível que Penina usou para atormentar o coração de Ana? Que armas ela usou para provocá-la? Possivelmente, dizia à rival: "Veja, Ana, você é uma mulher tão piedosa, você ora tanto, vai tanto à casa de Deus, mas está doente, é estéril, não pode ter filhos. Eu não faço nada disso e estou com a minha aljava cheia de filhos". Possivelmente, Penina dizia a Ana: "Se esse negócio de orar e ir à casa de Deus funcionasse, você não estaria doente. Se oração valesse mesmo, você não seria estéril. Se Deus respondesse mesmo à oração, sua vida seria melhor do que a minha". Você conhece gente assim? Essas pessoas são assassinas de sonhos. Querem plantar em seu coração a ideia errada de que ser cristão é viver numa redoma de vidro, blindado pelas vicissitudes da vida. Querem passar para você a ideia de que vida cristã é um colônia de férias e um parque de diversões. Precisamos nos aperceber que vida piedosa não nos isenta do sofrimento. Jesus nunca nos prometeu ausência de aflição. O que ele nos prometeu foi estar conosco todos os dias até a consumação dos séculos. O próprio Jesus aprendeu pelas coisas que sofreu. Os homens e mulheres mais piedosos da história foram pessoas de muitas lágrimas e grandes sofrimentos. Basta-nos saber que o Senhor está conosco nos vales escuros da vida. Basta-nos saber que os sofrimentos do tempo presente não se comparam às glórias por vir a serem reveladas em nós.

É inequívoco que a provocação de Penina visava desestabilizar Ana emocionalmente e abalar a sua fé em Deus. Suas setas venenosas tinham por objetivo matar os sonhos de Ana. Ana, porém, não permitiu que seus sonhos fossem destruídos. Apesar de ser hostilizada por sua rival, manteve-se firme e resoluta na busca da realização de seu sonho. Não podemos permitir que as pessoas determinem nossos sentimentos nem mesmo nosso futuro. Não podemos administrar o que as pessoas falam e fazem contra nós; mas podemos administrar nossos sentimentos e nossas decisões. Não podemos permitir que as pessoas governem nosso coração.

A mesma situação foi vivida pelos filhos de Coré (Salmos 42), quando estavam entrincheirados por problemas difíceis. Seus inimigos os colocaram contra a parede e perguntaram: [...] *Onde está o teu Deus?* (Salmos 42:3). Hoje você também é confrontado com perguntas perturbadoras: "Você não é crente fiel? Você não vai à casa de Deus? Você não confia que Deus é onipotente e ao mesmo tempo misericordioso? Então, por que ele não o socorre? Você não entrega o seu dízimo, não serve a Deus com integridade? Por que, então, está passando por dificuldades financeiras? Por que está desempregado? Por que seu casamento está acabando? Por que os seus filhos estão dispersos? Onde está o seu Deus? Se ele ama você, por que ele não intervém em sua vida?".

Os filhos de Coré viram essas provocações como uma doença que esmigalhava seus ossos (Salmos 42:10). Eles se renderam ao choro (Salmos 42:3). Talvez essa seja a sua situação. Além de estar enfrentando uma dificuldade terrível que conspira contra a sua vida, ainda encontra no caminho assassinos de sonhos. Às vezes, aqueles que deveriam lhe oferecer um ombro hospitaleiro e um peito amigo, em que se agasalhar, transformam-se em algozes, como os amigos de Jó. Às vezes, aqueles que deveriam estar ao seu lado estão contra você. Aqueles que deveriam trazer-lhe conforto, tornam-se consoladores molestos. Aqueles que deveriam orar com você e por você, se esforçam para ver o seu fracasso. Aqueles que deveriam defender sua causa, se enfurecem com sua vitória.

A provocação de Penina tinha dois objetivos: achatar a autoestima de Ana e desestabilizá-la emocional e espiritualmente. A provocação é a arma dos fracos. É o expediente daqueles que se sentem inferiores, mas não querem admiti-lo. A provocação é a tentativa de diminuir o outro para tentar melhorar a sua própria imagem. É o sentimento que invade a alma daqueles que se alegram com o sofrimento alheio e sentem uma mórbida compensação com o fracasso dos outros. Penina era uma mulher infeliz e insegura que tentava destruir as pessoas que cruzavam seu caminho. A provocação é fruto da inveja e sempre deságua no oceano da amargura. Ela cresce no solo fertilizado pelo ódio e busca sempre a vingança.

A vida piedosa de Ana ressaltava a mediocridade de Penina. As virtudes de Ana faziam sobressair a futilidade de Penina. Em vez de Penina imitar as virtudes de Ana, resolveu atacá-la. Em vez de condoer-se com o seu problema, passou a aguçar ainda mais a sua dor.

Davi precisou lidar com situação semelhante. Seu irmão Eliabe tornou-se seu principal opositor. Eliabe era o irmão mais velho e Davi, o caçula. Quando o exército de Israel estava guerreando contra os filisteus, o rei Saul convocou os três filhos mais velhos de Jessé. Nesse tempo Davi era pastor de ovelhas e muito jovem. Não foi lembrado nem convocado para compor o exército de Israel. Um dia, Jessé mandou Davi ir ao campo de luta para levar uma frugal provisão para seus irmãos. Sem titubear, o jovem pastor correu para o campo de batalha e lá chegando, deparou-se com um quadro desolador. Os soldados de Israel estavam fugindo, com as pernas bambas de medo, do gigante Golias. Esse gigante já estava afrontando as tropas de Israel há quarenta dias, duas vezes por dia. Ninguém tinha coragem para enfrentá-lo. Parecia ser uma causa perdida.

Quando Davi viu a cena, disse: [...] *Pois quem é esse filisteu incircunciso, para afrontar os exércitos do Deus vivo?* (1Samuel 17:26). Davi não olhou para a enormidade do gigante, mas para o Deus dos exércitos. Davi não fixou seus olhos no problema, viu a solução. Em vez de engrossar as fileiras dos covardes e fugir, Davi dispôs-se a enfrentar o gigante. Quando Eliabe ouviu Davi, seu irmão caçula, falar aos soldados essas palavras, encheu-se de ira e tornou-se seu crítico mais contumaz. Eliabe apostava no fracasso e não fez nenhuma provisão para a vitória. Era governado pela lógica humana e não pela fé. Eliabe devia estar ao lado de Davi, mas estava contra Davi. Eliabe conhecia a Davi, mas posicionou-se contra ele. Eliabe irou-se contra Davi, porque não admitia que qualquer outra pessoa pudesse ser honrada, a não ser ele mesmo. Eliabe tentou humilhar Davi diante dos soldados de Israel, relembrando-o que ele não passava de um pastor que cuidava de umas poucas ovelhas no deserto. Eliabe não satisfeito de criticar as ações de Davi, passou a julgar até suas motivações (1Samuel 17:28-30). Eliabe era um assassino de sonhos. Davi, porém, não entregou nas mãos de seu irmão seus sonhos. Antes, enfrentou o gigante. Venceu-o e foi honrado em toda a nação. A fé honra a Deus e Deus honra aqueles que nele confiam.

Existem muitas pessoas hoje que são um retrato existencial de Penina e de Eliabe. Gente que não chora com os que choram. Gente carregada de inveja e ciúme. Gente que tripudia e massacra aqueles que vivem na retidão, buscando com isso uma falsa compensação para suas doentias frustrações. Gente que não suporta ver o sucesso dos outros. Talvez você cruze com gente assim pelos caminhos da vida. Não deixe que esses inimigos roubem os sonhos do seu coração.

É muito conhecida a lenda da cobra e do vaga-lume. A cobra perseguia o vaga-lume implacável e permanentemente. Cansado de fugir, o vaga-lume perguntou à cobra:

— Por que você me persegue? Eu te fiz algum mal?

A cobra respondeu:

— Não! Você não me fez nenhum mal.

Continuou o vaga-lume:

— Eu faço parte de sua cadeia de alimentação?

A cobra respondeu:

— Não, você não faz parte da minha cadeia de alimentação.

— Por que, então, você quer me destruir?

A cobra respondeu:

— Porque eu não tolero ver você brilhar!

O que mais incomoda os seus críticos não são os seus defeitos, mas as suas virtudes. Os assassinos de sonhos não se contentam em viver bem, querem ver você mal. Os assassinos de sonhos se perturbam com sua perseverança. Sentem-se ameaçados com sua coragem. São golpeados de morte com sua vida. Sentem-se fragorosamente derrotados com sua vitória.

A incompreensão

O segundo assassino de sonhos na vida de Ana foi o sacerdote Eli. Ana subia todo ano a Siló, onde estavam Eli, Hofni e Fineias. Não consta na Bíblia que em nenhuma dessas idas Eli ou seus filhos tenham orado com Ana, orado por Ana e chorado com ela. A primeira vez que o sacerdote Eli dirigiu a palavra a Ana foi para assacar contra ela um libelo acusatório. Foi para chamá-la de bêbada dentro do santuário. Ana foi mal interpretada pelo sacerdote Eli, e isso dentro da própria casa de Deus. Ana estava orando, chorando diante de Deus, derramando a sua alma diante do Senhor, mas não foi compreendida por aquele que deveria estar chorando com ela (1Samuel 1:12-14).

A religião de Israel estava em crise naquele tempo. Depois de quarenta anos de ministério, o sacerdote Eli já estava velho demais para acompanhar de perto o seu rebanho. Seus filhos, Hofni e Fineias, sacerdotes, eram homens impuros, adúlteros, devassos, filhos de Belial. Todos os anos Ana subia à Casa do Senhor, em Siló, e nunca Eli ou seus filhos perceberam o drama dessa mulher. Ana estava sem assistência pastoral. Ela não tinha um pastor que se interessasse pelo seu problema, com quem pudesse compartilhar as suas necessidades. A dor que sentia era exclusivamente dela. Ela não tinha um ombro hospitaleiro na sua comunidade que lhe pudesse servir de suporte. Ana estava não apenas só, mas ainda foi mal interpretada pelo sacerdote Eli. Quando Eli a viu orando com amargura de alma, derramando seu coração diante do Senhor, ele a tratou como se ela fosse filha de Belial, como estivesse bêbada (1Samuel 1:12-14).

Eli cometeu dois erros graves com Ana: primeiro a julgou mal e depois a acusou sem ouvi-la. Ana foi vítima de uma hermenêutica precipitada e sem lucidez de um sacerdote senil. Responder antes de ouvir é estultícia e vergonha. Ana foi acusada de um pecado que não cometeu, pela pessoa que deveria estar sofrendo com ela, chorando diante de Deus por ela e orando por ela. Ela foi repreendida com aspereza, quando deveria ser alvo de consolação. Ela foi atacada quando deveria estar sendo acolhida. Foi julgada com rigor quando deveria estar sendo pastoreada com amor.

Há muitas pessoas feridas porque não encontraram na igreja uma comunidade terapêutica, mas um lugar de censura, acusações e incompreensão. A igreja, em vez de ser um lugar de cura, tem se transformado para muitos num cenário de doença e culpa. Há líderes religiosos que não apascentam as ovelhas de Deus, mas as tratam com rigor e dureza. Não são terapeutas da alma, mas assassinos de sonhos, que atam fardos pesados nos ombros de pessoas já feridas pela vida.

Muitas pessoas também sobem à casa de Deus só para chorar, mas voltam vazias de consolação, secas de esperança, com a alma ainda mais ferida, porque não encontraram lá Palavra de Deus, remédio para o coração, mas apenas tradições humanas, censuras e acusações, fruto da indiferença, do egoísmo, do desamor, do preconceito e do engano.

Há muitos líderes religiosos que são destruidores de sonhos. Eles abortam no nascedouro projetos que poderiam revolucionar o mundo. Há muitos líderes que sufocam qualquer nova liderança emergente. Há pastores que são a rolha do rebanho: estão sempre impedindo que o povo respire espiritualmente; sempre matando os sonhos no coração das pessoas. Eles se sentem os donos da verdade e desandam a boca para atacar e ferir todos aqueles que não se alinham com a sua visão.

Não deixe o seu sonho morrer. Não permita que os destruidores de sonhos introjetem no seu coração o vírus maldito do desânimo. Não deixe que também a amargura tome conta da sua alma, pelo fato de não receber apoio daqueles que deveriam estar ao seu lado. Levante a cabeça. Não perca de vista o alvo. Não abra mão dos seus sonhos.

Certa feita recebi em meu gabinete pastoral uma mulher cristã chorando copiosamente. Depois que ela se acalmou, perguntei-lhe:

— O que está acontecendo?

Ela me respondeu:

— Minha vizinha saltou do décimo andar do nosso prédio e ceifou violentamente sua vida.

Eu perguntei:

— Mas o que isso tem a ver com sua vinda aqui?

Ela respondeu:

— Porque eu estou precisando fazer o mesmo, mas não tenho coragem.

Prossegui:

— Mas, por que você não quer mais viver?

Ela me respondeu:

— Porque eu sou um problema. Meu pai sempre me disse isso. Já passei por três divórcios e todos os meus maridos me disseram a mesma coisa. Eu não quero mais viver. Eu sou um problema.

Disse àquela mulher:

— Você não é quem você pensa que é. Você não é quem as pessoas dizem que você é. Você é quem Deus diz que você é. Você foi criada à imagem e semelhança de Deus. Você foi formada de forma assombrosamente maravilhosa no ventre de sua mãe. Você é filha de Deus, herdeira de Deus, a habitação de Deus, a menina dos olhos de Deus, a herança de Deus. Você tem muito valor, porque, a despeito de seus pecados, Deus amou você e enviou seu Filho para morrer em seu lugar, para dar a você a vida eterna!

Quando o sacerdote Eli falou para Ana uma palavra equivocada, ela não hospedou essa palavra no coração. Ana não era uma mulher hipersensível. Ana não era um cristal emocional. Ela tinha uma têmpera granítica. Não ficou magoada e ressentida, porém informou ao sacerdote que era uma serva de Deus, que derramava sua alma perante o Senhor.

João Soares da Fonseca narra uma história interessante no seu livro *Conta outra*:

Um garoto padecia de uma terrível surdez parcial. Certo dia, ao voltar da escola, trouxe consigo um recado para seus pais. Em secas linhas, a professora sugeria que o melhor que fariam seria tirar o menino da escola. E explicava por que: ele não tem inteligência para aprender nada. Em vez de deprimir-se com o pessimismo do recado, a mãe do garoto simplesmente afirmou: "É claro que o meu filho Tom tem inteligência para aprender. Eu mesma serei a professora dele". A partir daí, além da tarefa da criação, tomou sobre os ombros também a instrução escolar do seu filho. Tom aprendeu, cresceu, tornou-se- um profissional. E, quando morreu, anos mais tarde, o país inteiro o homenageou, apagando as lâmpadas por um minuto, lâmpadas que ele próprio havia inventado. Tom — era assim que a família de Thomas Edison o chamava — inventou não somente a lâmpada, mas também a câmera fotográfica, o mimeógrafo, o fonógrafo, o transmissor a carvão, o filme movimentado, o gravador, o microfone e mais de mil outras coisas.

A conformação

Elcana tentou consolar Ana, mas ao mesmo tempo conspirou contra o seu sonho. Disse para ela parar de chorar e desistir do sonho de ser mãe, visto que ele próprio era melhor para ela do que dez filhos (1Samuel 1:8). Elcana representa aqueles que tentam agir pela lógica, mas não exercitam fé. É o protótipo daqueles que agem com boas intenções, mas não esperam nenhuma intervenção sobrenatural de Deus. Ele queria que Ana desistisse do seu sonho e se conformasse passivamente com a sua esterilidade, mudando o foco de sua atenção para o marido. Elcana agiu com egoísmo ao mesmo tempo que buscou consolar a sua mulher.

Em momento algum vemos Elcana orando com sua mulher. Ele conhecia a história do povo de Deus. Sabia que Deus já havia curado Sara e Rebeca da esterilidade. Sabia que Deus poderia fazer esse milagre na vida de sua mulher. Porém, Elcana era racionalista demais para crer em milagres. Sua vida era governada apenas pela razão e não pela fé no Deus do impossível. Elcana certa feita teve uma conversa franca com sua mulher: *Então seu marido Elcana perguntou-lhe: Ana, por que choras? Por que não comes? Por que o teu coração está tão triste? Não sou melhor para ti do que dez filhos?* (1Samuel 1:8). Quero parafrasear essa conversa. Penso que foi mais ou menos assim: "Ana, eu preciso ter uma conversa com você. Eu não aguento mais ver você chorando pelos cantos da casa. Você só chora e nem consegue mais comer. Seu coração está muito triste. Esse sonho de ser mãe está virando uma obsessão em sua vida. Esse desejo já está se tornando patológico. Ana, caia na real. As coisas não podem mudar. A junta médica de Ramá já deu o diagnóstico dizendo que o seu caso é irreversível. Para que continuar insistindo com uma causa perdida? Para que orar por um problema sem solução? Desista desse sonho. Viva sua vida. Aliás, Ana você nem está curtindo o maridão que você tem. Você não sabe que eu sou melhor do que dez filhos para você?" Se fosse hoje, Elcana teria dito a Ana: "Ana, pensa em mim, liga para mim, chore por mim, não chore por ele, Ana". Elcana era um assassino de sonhos!

Elcana tentou esvaziar o coração de Ana de toda esperança. Ele estava dizendo a ela que, de fato, seu problema era insolúvel, que não havia nada a ser feito. Portanto, ela não deveria mais chorar pelo seu problema, mas desistir do seu sonho de ser mãe e pensar mais no marido. Dessa forma, Elcana, em vez de unir-se à sua mulher para clamar a Deus por um milagre, tentou matar os sonhos do coração dela.

Elcana agiu como um homem religioso, mas sem fé. Para ele os fatos não podiam ser mudados. Ele agiu com sensibilidade, mas sem discernimento. Há muitos conselheiros que são verdadeiros assassinos de sonhos. São lógicos, racionais, mas lhes falta ousadia para crer no Deus que age milagrosamente. Eles são guiados pela razão, e não pela fé. Creem nos fatos visíveis, mas não esperam os milagres de Deus. Conformam-se com a situação. Entregam os pontos. Desistem dos seus sonhos e ainda procuram matar o sonho dos outros.

A fé não olha para as circunstâncias. Fé é crer no impossível, ver o invisível e tocar no intangível. Fé é crer que Deus pode mudar o cenário de um ventre estéril, transformando-o em um jardim regado de vida. Fé é não desistir de esperar em Deus, mesmo quando todas as circunstâncias parecem conspirar contra a esperança. Fé é saber que, se Deus quiser, ele pode mudar a nossa sorte, enxugar as nossas lágrimas, curar a nossa enfermidade, restaurar a nossa família e realizar os nossos sonhos. Ana não desistiu de sonhar. Ela não acatou o conformismo incrédulo e passivo do seu marido. Não jogou a toalha, não se deu por vencida, não se conformou com a derrota. Ana nos encoraja a lutar pelos nossos sonhos, ainda que aqueles que estão mais perto de nós e deveriam ser nossos cooperadores coloquem-se na contramão dos anelos da nossa vida. Os grandes destruidores de sonhos estão muitas vezes dentro da nossa casa e até mesmo dentro da igreja, como no caso de Ana. Aqueles que nos são mais íntimos são os primeiros a armarem emboscada contra os nossos sonhos. Devemos estar alertas!

O desânimo

O último destruidor dos nossos sonhos pode estar dentro de nós mesmos. Muitas vezes cansamos de esperar e desistimos muito cedo ou até mesmo no limiar da bênção. Saul cansou de esperar Samuel para fazer o sacrifício pelo povo e assumiu ele mesmo o papel de sacerdote, arruinando sua vida e o seu reinado (1Samuel 13:8-14). Pedro desistiu de esperar Jesus na Galileia e resolveu voltar à pesca (João 21:3). Ana, porém, não desistiu. Ela não se acomodou. Ela não ensarilhou as armas. Não se rendeu ao desânimo.

A impaciência pode destruir-nos. Sansão morreu porque a impaciência o tornou vulnerável (Juízes 16:16-31). Sara, por impaciência, empurrou Abraão para os braços de Hagar (Gênesis 16:1-4). Depois de quatro mil anos, a história ainda testemunha os efeitos devastadores da decisão precipitada de Sara. Os judeus e os árabes até hoje se rivalizam. Talvez você esteja cansado de esperar um casamento, cansado de esperar uma mudança na sua vida conjugal, cansado de esperar um tempo de bonança na área financeira. Cuidado para que a impaciência e o desânimo não roubem os seus sonhos. Vigie o seu próprio coração. O seu maior inimigo muitas vezes é você mesmo. Se desistir de lutar, desistir dos seus sonhos, só olhar para as dificuldades e não crer que Deus pode intervir, você se tornará um fracasso, como aqueles dez espias de Israel que se consideraram gafanhotos diante dos gigantes de Canaã (Números 13:31-33).

O tempo pode ser uma ameaça para os nossos sonhos. William Carey trabalhou na Índia e teve que esperar sete longos anos até batizar o primeiro indiano. Adoniram Judson, na Birmânia, também só viu o primeiro convertido depois de sete anos de trabalho. O templo do rei Salomão demorou sete anos e meio para ficar pronto. Nele trabalharam 183.600 homens. A grande pirâmide do Egito foi construída durante 75 anos. A construção da estátua da liberdade, no porto de Nova York, vinte anos. Cuidado para que a passagem do tempo não enfraqueça os seus sonhos.

Ana tinha tudo para ficar desanimada: era estéril, sua rival a provocava excessivamente, seu marido não acreditava que Deus pudesse realizar um milagre, o sacerdote a acusou de estar embriagada. Mas ela superou todas as dificuldades e venceu, porque não desistiu do seu sonho.

Capítulo 3

O que fazer para alimentar os sonhos

Nossos sonhos precisam ser regados pela chuva da esperança e aspergidos pelo orvalho da fé. Não podemos ligar nossa vida no piloto automático. Precisamos romper em fé, saltar muralhas, vencer gigantes, triunfar sobre os destruidores de sonhos e não desistir jamais. Não podemos aceitar passivamente a decretação da derrota em nossa vida. Não podemos nos conformar com o caos. O nosso Deus não é colecionador de derrotas; é campeão invicto em todas as batalhas. Ele trabalha por nós, ele está com o leme da nossa vida em suas mãos. Ele pode todas as coisas. Se Deus é o nosso parceiro, devemos ter grandes sonhos. Se Deus está conosco, então somos maioria absoluta. E, se ele caminha conosco, nossa jornada será vitoriosa.

Ana nos ensina três princípios para alimentar os nossos sonhos enquanto estamos na sala de espera.

Devemos continuar crendo na intervenção soberana de Deus

Ana orou vários anos pela sua enfermidade, sem ver nenhuma evidência da sua cura. Ela sofreu todo tipo de pressão para desistir de esperar um milagre de Deus. Contudo, nem os destruidores de sonhos nem a demora de Deus esvaziaram seu coração de esperança. Ela continuou orando (1Samuel 1:10,12,15) e crendo que Deus poderia realizar algo extraordinário.

Ana não deixou a chama da esperança apagar-se no seu coração. O impossível dos homens é possível para Deus. O Senhor é maior do que os nossos problemas. Para ele não há coisa demasiadamente difícil. Volte a crer na intervenção de Deus. Volte a orar com fervor. Claude Pepper, congressista americano, disse certa vez: "Viver é como andar de bicicleta; só cai quem para de pedalar". Não desista, volte às trincheiras da luta, volte a buscar a Deus, volte a jejuar, volte a derramar a sua alma diante do Senhor. Volte a crer que ele pode intervir milagrosamente em sua vida. Lute pelos seus sonhos. Não abra mão deles.

José do Egito foi alimentado pelos seus sonhos nos tempos mais sombrios de sua vida. Mesmo quando a providência tornou-se carrancuda para ele, sempre via face sorridente de Deus. Mesmo quando foi injustiçado pelos seus irmãos, pela sua patroa e pelo copeiro de Faraó, manteve-se firme, porque sabia que Deus estava no controle de sua vida. José foi consistente com sua fé em Deus antes da prova, durante a prova e depois da prova. José não oscilou entre a fé a incredulidade. Ele não naufragou no mar revolto da dúvida. Não permitiu que as pessoas determinassem seus sentimentos. Não aceitou que as adversidades roubassem sua alegria. Manteve-se íntegro e confiante seja na escuridão de um cárcere como na exaltação de um trono.

A viúva de Sarepta estava vivendo a crise da fome. Na sua casa só havia um bocado de azeite e uma porção de farinha, para fazer a última refeição e aguardar a morte inevitável. Mas ela não se sentou, desanimada, num canto da casa, aceitando a decretação do fracasso na vida. Ela saiu para apanhar lenha, para fazer o último bolo. Ainda acreditava que Deus poderia realizar um milagre. Ela não desistiu e o prodígio aconteceu. Deus multiplicou a farinha na sua panela e o azeite na sua botija, antes de derramar chuva sobre a terra (1Reis 17:8-16).

Norman Vincent Peale escreveu seu primeiro livro, *O poder do pensamento positivo*, e procurou uma editora para publicá-lo. Ninguém se interessou. Ele, desanimado, voltou para casa e jogou os originais no lixo, dizendo: "Aí devem ficar os meus sonhos". Sua esposa, Rute, bem mais otimista, tomou os rascunhos do lixo e disse-lhe: "Eu creio nos seus sonhos". Ela bateu de porta em porta, até que encontrou uma editora que se interessou pelo livro. Resultado: esse livro já vendeu mais de 40 milhões de exemplares. Não desista de seus sonhos.

Na saga da política americana, um homem se destaca: Franklin Delano Roosevelt. Ele tinha o sonho de ser presidente dos Estados Unidos da América. Contudo, uma doença o colocou numa cadeira de rodas, mas não foi capaz de roubar seu sonho. Muitos lhe diziam que ele jamais poderia alcançar seu objetivo, mas ele não desistiu. Resultado: até hoje ele foi o único homem que conseguiu ser eleito e reeleito quatro vezes consecutivas como presidente dos Estados Unidos. Não desista dos seus sonhos. O fracasso só é fracasso quando você não aprende com ele. Os problemas só o derrotam se você desistir da luta.

Abraão Lincoln sofreu muitas derrotas até ser eleito presidente dos Estados Unidos. Ele não desistiu do seu sonho e tornou-se o 16º presidente, o maior estadista daquela nação. Vejamos a sua trajetória até a Casa Branca. Em 1818 sua mãe morreu. Em 1831 ele fracassou nos negócios. Em 1832 concorreu a deputado estadual e perdeu. Em 1832 perdeu também o emprego. Em 1833 tomou dinheiro emprestado para começar um negócio e por volta do final do ano estava falido. Passou os dezessete anos seguintes pagando dívidas. Em 1834 candidatou-se novamente a deputado estadual — e dessa vez foi vitorioso. Em 1835 sua noiva morreu, e ele ficou desolado. Em 1836 teve um colapso nervoso e ficou acamado durante seis meses. Em 1838 foi indicado para porta-voz da Câmara Estadual e foi derrotado. Em 1840, indicado para o Colégio Eleitoral, foi igualmente derrotado. Em 1843, candidato ao Congresso, perdeu. Em 1846, candidato ao Congresso novamente — dessa vez ganhou —, foi a Washington e fez um bom trabalho. Em 1848, candidato à reeleição para o Congresso, enfrentou nova derrota. Em 1854, candidato ao Senado dos Estados Unidos, perdeu a eleição. Em 1856, tendo solicitado a indicação para vice-presidente na convenção nacional do seu partido, obteve menos de 100 votos. Em 1858 candidatou-se ao Senado dos Estados Unidos e perdeu novamente. Em 1860, foi eleito presidente dos Estados Unidos.

Não desistir dos sonhos é transformar as tragédias de vida em trinfo. John Milton ficou cego aos 44 anos de idade e, depois disso, escreveu o grande clássico *O paraíso perdido*. Ludwig van Bethoveen ficou surdo aos 46 anos e, depois disso, escreveu ainda cinco sinfonias. Fanny Crosby ficou cega na sexta semana de vida e, depois disso, escreveu milhares de hinos que inspiraram milhões de pessoas até hoje. O apóstolo Paulo foi lançado na prisão em Roma, mas entre algemas escreveu cartas inspiradas pelo Espírito Santo que abençoam o povo de Deus ao longo dos séculos. O apóstolo João foi banido para a ilha de Patmos, mas no exílio escreveu o livro de Apocalipse, descortinando-nos os horizontes da consumação dos séculos. John Bunyan foi lançado na prisão de Bedford, na Inglaterra, por quatorze anos, mas na prisão escreveu o livro mais lido no mundo depois da Bíblia, *O peregrino*.

O que você tem feito com os seus sonhos? Faça como Ana: suba à casa de Deus e ore, e chore, e derrame a sua alma diante do Senhor, até que os céus lhe sejam obsequiosos.

Devemos abrir o coração para crer nas promessas infalíveis da Palavra de Deus

Ana revelou uma grande maturidade em relação ao sacerdote Eli. Ele a tratou como se ela estivesse embriagada. Ela, porém, não saiu da casa de Deus magoada, falando mal do sacerdote. Não abrigou no coração as palavras insensatas de Eli. Não saiu do templo dizendo: "Nunca mais eu volto a este lugar". Ela não deixou seu coração azedar, mas respondeu a Eli: [...] *Não, meu senhor; sou uma mulher angustiada; não bebi vinho nem bebida forte, mas derramei a minha alma diante do* SENHOR. *Não penses que tua serva é uma mulher sem valor* [...] (1Samuel 1:15,16).

Na minha lida pastoral tenho visto muitas pessoas doentes emocionalmente porque um dia ouviram uma palavra atravessada do pai, da mãe, do marido, da esposa, do professor, do patrão, do amigo. Palavras mal colocadas podem ferir pessoas. Palavras insensatas adoecem o coração. Palavras ferem e machucam. Palavras curam e abençoam. Precisamos ter cuidado com o que falamos, como falamos e quando falamos. Há filhos feridos pelas palavras duras dos pais. Há cônjuges doentes emocionalmente pelas palavras agressivas do seu consorte. Há alunos esmagados psicologicamente pelas palavras irrefletidas do seu professor. Ana não hospedou no coração as palavras infelizes do sacerdote Eli. Ela não permitiu que o seu sonho fosse roubado na casa de Deus. Ela tinha plena consciência de quem era e por que estava ali no santuário.

É da mais alta importância entender que não somos o que as pessoas dizem que somos. Não somos quem nós pensamos que somos. Nós somos o que Deus diz que somos. Podemos estar enganados acerca de nossa identidade. As pessoas podem estar equivocadas a nosso respeito. Porém, Deus não tem uma opinião a nosso respeito, Deus tem o diagnóstico. Deus nunca erra a nosso respeito. Ele conhece a nossa estrutura. Conhece nosso passado, nosso presente e nosso futuro. Somos criados à imagem e semelhança de Deus. Fomos formados de forma assombrosamente maravilhosa no ventre de nossa mãe. Deus conheceu-nos quando éramos apenas uma substância sem forma. Ele conhece todos os nossos dias, mesmo aqueles que ainda não vieram à luz. Somos a morada de Deus, a herança de Deus, a menina dos olhos. Temos valor porque Deus nos dá valor. Mesmo sendo vasos de barro, Deus habita em nós. Mesmo sendo pecadores, Deus nos ama. Mesmo sendo fracos, ímpios, pecadores e inimigos, Deus entregou seu Filho para morrer por nós.

O mesmo sacerdote que acabara de falar uma bobagem, agora se transforma em profeta de Deus e traz uma mensagem do céu para Ana: [...] *Vai-te em paz; e o Deus de Israel te conceda o pedido que lhe fizeste* (1Samuel 1:17). Ana acolheu aquela palavra como Palavra de Deus e como resposta às suas orações, e sua vida foi transformada. A palavra profética foi um remédio para a sua alma. Aconteceram com Ana três fatos que revelam o milagre em sua vida. Primeiro, ela voltou a comer; ela se preocupou com o seu corpo. Segundo, ela mudou seu semblante, suas emoções foram curadas. Terceiro, ela coabitou com o seu marido, Deus se lembrou dela e ela concebeu.

É digno de nota que a cura de Ana não se deu na hora em que Eli lhe falou. Ali ela creu e tomou posse da bênção. Deus curou primeiro o coração de Ana, antes de curar-lhe o corpo. Deus curou primeiro as emoções de Ana, antes de curar-lhe o ventre. Só mais tarde, quando Ana coabitou com o marido, é que Deus se lembrou dela, e então ela concebeu e deu à luz um filho, a quem deu o nome de Samuel (1Samuel 1:19,20).

Se você deseja ver os seus sonhos realizados, creia nas promessas da Palavra de Deus. Ela é que gera fé no seu coração. A Palavra de Deus é terapia para a sua alma. É remédio para o seu coração, combustível para alimentar os seus sonhos. Não dê ouvidos aos arautos do caos. Não escute os profetas da incredulidade. Não acolha no coração os embaixadores do pessimismo. Alimente seu coração com as promessas de Deus, pois Deus vela em cumprir sua Palavra. Promessa de Deus e realidade são a mesma coisa, pois nenhuma das palavras de Deus cai por terra. Deus não é homem para mentir. Quando Deus promete, ele cumpre; quando Deus faz, ninguém pode impedir sua mão de fazê-lo. Não andamos por vista; andamos pela fé. Não somos guiados pelas circunstâncias; somos dirigidos pela onipotente mão do altíssimo. Os impossíveis dos homens são possíveis para Deus.

Quando Deus quer, tudo é possível. Quando Deus se agrada de nós, então, triunfamos sobre as dificuldades e entramos na terra prometida.

Quando Jesus foi ao encontro dos discípulos, no mar da Galileia, na quarta vigília da noite, antes de acalmar o mar o mestre acalmou o coração dos discípulos. Às vezes, a tempestade que está dentro de nós é mais intensa do que a tempestade que está lá fora. Antes de Jesus mudar a situação, ele muda o nosso coração. Antes de fazer sossegar o mar, ele aquieta a nossa alma. A consciência da presença de Jesus acalma o nosso coração, ainda que o mar continue agitado. Ana tomou posse da promessa de Deus e voltou para casa curada de sua depressão, na confiança de que Deus já realizara o milagre em sua vida. Fé é a certeza de coisas e a convicção de fatos. A fé não é autossugestão, não é pensamento positivo, não é meditação transcendental. A fé tem um objeto — Deus; tem um fundamento — a promessa infalível da Palavra que não pode falhar.

Devemos voltar às trincheiras da luta

Ana parou de chorar, voltou a sorrir, começou a respirar o oxigênio da vida e caminhou na direção do milagre. Ela voltou para casa, coabitou com o seu marido, e Deus abriu seu ventre para conceber. Ana não apenas foi mãe do maior profeta daquela geração, como também gerou outros três filhos e duas filhas (1Samuel 2:21). A bênção de Deus foi muito além da sua expectativa.

É hora de você sair da caverna da desânimo. É hora de sacudir a poeira, parar de chorar e voltar às trincheiras da vida. A vida é maravilhosa, é um presente de Deus, é um milagre diário do céu. Saboreie a vida com prazer. Não perca uma gota sequer dessa sublime aventura. Você tem valor. Você foi criado para ser um vencedor. Não desanime, não jogue a toalha, não entregue os pontos, não arrie as armas. O melhor está para acontecer. Com Deus o melhor está sempre por vir. Não caminhamos para o ocaso, mas para um glorioso alvorecer. O choro pode durar uma noite inteira, mas a alegria vem pela manhã. Não desista dos seus sonhos. A sua crise do hoje pode ser o limiar de um milagre amanhã.

Aos 35 anos de idade, Og Mandino estava financeiramente falido, abandonado pela mulher e pela filha, bêbado, caído numa sarjeta, pensando em suicídio. Dez anos depois estava no topo da fama mundial, escrevendo livros de encorajamento lidos no mundo inteiro, mostrando que não podemos desistir dos nossos sonhos. No seu livro autobiográfico ele dá um conselho prático para você valorizar a vida e ter otimismo para enfrentar as dificuldades. O conselho dele é o seguinte: logo de manhã você deve tomar nas mãos o melhor jornal da sua cidade para ler. Mas você não deve começar a leitura pelas notícias políticas, porque possivelmente isso o deprimirá ainda mais. Também não deve começar a leitura pelas notícias econômicas; talvez essas informações apenas lhe roubem o entusiasmo. Semelhantemente, não deve começar a leitura pelas páginas policiais, pois talvez fique com medo de sair de casa. Outrossim, não deve iniciar a leitura pelas páginas esportivas, pois talvez seu time esteja em baixa e tenha sofrido uma goleada no último jogo.

Og Mandino aconselha: você deve começar a leitura pela página do obituário. Sim, pela lista das pessoas que morreram. Não salte nem um nome sequer. E, quando você chegar ao final da leitura, descobrirá algo extraordinário: seu nome não está naquela lista. E as pessoas ali arroladas dariam tudo para estar no seu lugar, mas estão mortas. Você vai descobrir que está vivo, e, se você está vivo, um milagre pode acontecer em sua vida hoje. Se você está vivo, seus sonhos podem ser realizados!

Conclusão

Esta palavra de encorajamento que você acaba de ler é um pedaço da minha vida e da minha história. Eu sou fruto de um sonho. Quando nasci, nos idos de 1958, no interior do Estado do Espírito Santo, minha família morava num lugar muito pobre e desprovido de recursos. Naquela época, tudo era muito difícil no lugar em que os meus pais viviam. Quando uma pessoa ficava doente, era levada de padiola para buscar tratamento a mais de 20 quilômetros de distância. Minha mãe estava grávida do seu último filho. Em estado adiantado de gravidez, ela ficou gravemente enferma. Estava à beira da morte, quando meu pai percebeu que ela não aguentaria uma viagem de padiola.

Diante da urgência da situação, meu pai mandou um mensageiro ir à vila mais próxima buscar o farmacêutico. Ele chegou, examinou minha mãe e disse: "Não tem jeito; ela vai morrer. O seu caso é muito grave e a criança que está em seu ventre está também em agonia de morte". Meu pai, aflito, insistiu com ele para tratar de minha mãe. Ele então disse: "A única maneira de salvar sua mulher é sacrificar a criança que está no seu ventre. Se não tirar a criança, morre ela e o filho". Meu pai, atordoado pela dolorosa notícia, comunicou à minha mãe a opinião do farmacêutico. Ela, com determinação e fé, disse: "Eu não abro mão da vida do meu filho. Estou pronta a doar a minha vida por ele. Estou pronta a morrer com ele e por ele, mas não desisto dele".

Naquele momento de dor, minha mãe fez um voto a Deus, dizendo: "Senhor, se tu poupares o meu filho, eu o consagrarei a ti para ser um pastor, um pregador da tua Palavra". Deus ouviu a oração de minha mãe. Ela foi curada, e eu nasci com saúde. Fui criado na roça, trabalhando na lavoura. Fui calçar meu primeiro par de sapatos aos 8 anos de idade, com as mãos calejadas.

Por providência divina, desde cedo tive muita vontade de estudar. Na minha casa não havia livros. Encontrei um dicionário velho e rasgado e com 10 anos de idade comecei a decorar aquele dicionário. No lugar onde eu morava só existia escola primária. Ninguém ia além do primário.

Entrei na escola com 8 anos e com 12 já havia concluído o primário. Com 12 anos eu não sabia o que era luz elétrica. Com 12 anos eu não sabia o que era televisão. Com 12 anos eu não sabia o que era uma cidade. Com 12 anos, minha querida professora, que me alfabetizou, sabendo do meu sonho de estudar, convidou-me a morar com ela. Ela estava mudando-se para Vitória, a capital do Espírito Santo. Com

12 anos de idade, sem nunca ter dormido uma noite fora de casa, subi na carroceria de um caminhão e deixei minha família para buscar a realização do meu sonho. Passei por muitas lutas e privações. Muitas vezes chorei de saudade de minha família. Muitas vezes senti falta do aconchego de minha mãe, do amor de meu pai e do companheirismo dos meus irmãos.

Na verdade eu tinha um sonho. Desde criança queria ser advogado e político. Não perdia um comício sequer. Gostava de ouvir os oradores. Ao completar 18 anos, tirei o meu título de eleitor e me filiei a um partido político. Todavia, aos 19 anos, Deus colocou a sua mão sobre mim e chamou-me para o ministério. Imediatamente abri mão dos meus sonhos e abracei o plano de Deus. O Senhor mudou o curso da minha vida. Compreendi, então, que é mais importante realizar os planos de Deus do que os meus próprios sonhos, pois os planos de Deus não podem ser frustrados (Jó 42:2).

Minha mãe faleceu em 1995, com 77 anos. Um ano antes de ir para o Senhor, ela me chamou e me contou essa história. Mesmo sendo uma mulher semianalfabeta, que aprendeu a ler na Bíblia, tinha sabedoria, pois nunca me contou o seu projeto com Deus. Queria que Deus mesmo trabalhasse em minha vida. Não queria que eu fosse para o seminário sugestionado por sua história.

Além de me contar seu voto a Deus, partilhou comigo outro fato marcante. Disse-me que em todos esses anos, depois que nasci, jamais deixou de se levantar de sua cama, dobrar os seus joelhos e pedir a Deus que me levantasse e me capacitasse para pregar a Palavra. Não pude conter as lágrimas. Abracei minha mãe, já alquebrada pela enfermidade, e chorei muito com ela. Disse-lhe: "Mamãe, a senhora está me ensinando as lições mais importantes da minha vida. A senhora está me ensinando que um filho nunca é pobre se tem uma mãe que ora por ele. A senhora está me ensinando que o mais importante não são os meus sonhos, mas os planos de Deus".

Porque a minha mãe não abriu mão do seu sonho, você está lendo este livro. Hoje estou certo de que sou fruto de um sonho e de que o mais importante na vida não é realizar os meus próprios sonhos, mas os planos de Deus, pois os planos de Deus são perfeitos e muito maiores do que os meus.

É tempo de sonhar grandes sonhos para Deus. É tempo de viver os planos de Deus. William Carey, o pai das missões modernas, declarou certa ocasião: "O tamanho do seu sonho determina o tamanho do seu Deus".

LIÇÕES QUE APRENDI NESTE LIVRO

Sua opinião é importante para nós.
Por gentileza, envie-nos seus comentários pelo e-mail:

editorial@hagnos.com.br

Visite nosso site:

www.hagnos.com.br